Cornelia Koller

L'ENDURANCE ÉQUESTRE

Conseils pratiques à l'usage des débutants

De Vecchi

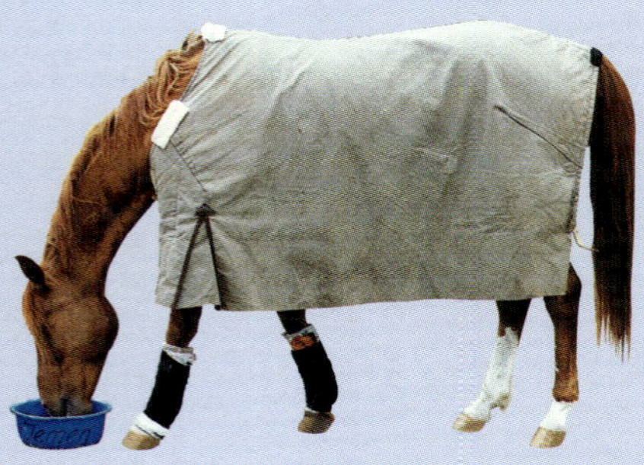

Sommaire

Les courses internationales permettent aux débutants de côtoyer les professionnels.

Qu'est-ce que l'endurance ?

L'endurance équestre est plus qu'une discipline. C'est une sorte de drogue qui, une fois goûtée, ne cesse de vous hanter. Traverser des campagnes magnifiques et désertes, parcourir de grandes distances avec votre cheval et d'autres cavaliers, l'attrait de l'aventure – tout cela attire de plus en plus de cavaliers.

Pour les non-avertis, l'endurance semble se résumer à couvrir une distance donnée en un temps donné ou le plus vite possible. Les seules choses nécessaires seraient la résistance du cheval et du cavalier. Dans la pratique, c'est tout autre chose. Le cheval peut vouloir aller plus vite que ce que demande le cavalier, réagir brusquement en doublant, sa fréquence cardiaque peut ne pas redescendre, lui peut refuser de s'abreuver. Beaucoup de choses peuvent mal se passer, et on réalise alors que l'endurance, comme toute discipline, demande une certaine dose d'entraînement.

Ce guide est une introduction à l'endurance et vous aidera à éviter les erreurs. Il a été écrit pour faciliter votre apprentissage dans une des plus agréables disciplines équestres et vous permettre, à vous et votre cheval, de rentrer sains et saufs à l'écurie. Le mieux pour débuter est d'assister en tant que spectateur à une course d'endurance, ou de suivre un séminaire sur le sujet.

L'endurance est aussi un plaisir pour les yeux. Nombre de courses traversent les plus beaux paysages d'Europe.

Note

Vous pouvez obtenir le règlement de l'endurance auprès de la Fédération française d'équitation, qui gère la discipline en France.

Trop grand et trop lourd ? George Washington a remporté plus de compétitions que nombre d'autres chevaux.

À qui s'adresse l'endurance ?

Trop petit ? Milagro en route pour gagner le championnat d'Allemagne.

L'endurance est le sport idéal pour les chevaux et cavaliers friands de sorties. Peu importe la race du cheval, bien qu'on voie surtout des pur-sang arabes dans les grandes courses ; les mélanges colorés font aussi bonne figure, du petit poney robuste au cheval de selle lourd. George Washington, un des chevaux d'endurance les plus réputés, est un croisement de pur-sang, et Milagro, 1,40 m, a du sang de poney Welsh, ce qui ne l'empêche pas d'envoyer de la poussière dans les yeux de bien des pur-sang arabes. Il est donc clair que les qualités requises chez un cheval d'endurance ne sont pas la race mais plutôt la façon de courir et une solide constitution.

Pour éviter de trop exiger des chevaux, les distances à couvrir en endurance diffèrent suivant l'âge. Les chevaux de moins de 5 ans n'ont en général pas accès aux compétitions. Cette limitation s'explique par le fait que physiquement, les chevaux grandissent encore jusque vers 7 ans ; ce n'est qu'ensuite que l'on peut travailler le cheval pour développer tout son potentiel. Toutefois le plus jeune âge pour les courses préliminaires est 5 ans, 6 ans pour les courses de petites et moyennes distances et 7 ans pour les longues distances et les courses à vitesse libre.

Quelles qualités doit avoir le cheval ?

Conformation

Les chevaux à problème physique ou psychologique doivent compenser leur handicap, une conformation bien équilibrée et correcte est donc à long terme un avantage pour les performances. Mais ne vous découragez pas si votre cheval n'est pas parfait ; de toute façon, aucun ne l'est ! Il est plus important que vous travailliez ses points faibles en le dressant correctement et en veillant à votre propre façon de monter, qui ne doit pas gêner ses mouvements.

Voici les points à examiner lors du choix d'un cheval :

Des aplombs sains et corrects : on tombe plus souvent sur des chevaux dotés d'une mauvaise morphologie. Des paturons inclinés peuvent indiquer un cheval confortable, mais entraîner toutefois plus de tension sur les tendons. Les boulets droits sont plus sujets aux problèmes articulaires.

Le dos : un cheval avec un long dos rencontrera des problèmes très tôt, tandis qu'un dos trop court sera trop raide. Le cheval doit avoir un dos et un garrot bien musclés de sorte que la selle puisse bien s'ajuster. La zone des reins aussi doit être bien musclée.

Le poitrail : il doit être assez profond pour que le cœur et les poumons y travaillent à l'aise.

L'arrière-main : un fémur long et une bonne angulation des hanches signifient une bonne force de propulsion.

Les pieds : les gros sabots peuvent porter plus de poids ; une corne de bonne qualité sera apte à supporter la tension croissante pesant sur les pieds.

L'allure : l'allure d'un cheval d'endurance doit être rythmique, décontractée et avoir une bonne impulsion. Les chevaux aux épaules inclinées ont une foulée plus longue ; ceux qui lèvent haut les genoux dépensent trop d'énergie – il est important de s'économiser. Au pas, le cheval doit se juger et l'impulsion du trot doit venir de l'arrière.

Santé

Un cheval d'endurance doit avoir une bonne santé physique. Les problèmes respiratoires s'améliorent souvent avec un entraînement régulier, mais on ne peut pas en dire autant des problèmes osseux.

Les chevaux d'endurance doivent s'habituer au brouhaha de la foule durant les courses.

Les problèmes apparents doivent être examinés avec soin avant de soumettre le cheval à un entraînement intensif. Les vaccins et vermifuges seront administrés à intervalles réguliers de manière à ne pas entraver le programme d'entraînement. Les chevaux malades ou traités par médicaments (dopage !) n'ont pas leur place dans une course d'endurance.

Comportement

Les chevaux et les personnes sont souvent proches, c'est pourquoi il est impératif que votre cheval se comporte bien. Il doit pouvoir dépasser les autres compétiteurs sans sourciller, trotter correctement jusqu'au contrôle vétérinaire, attendre patiemment, ne poser aucun problème à l'embarquement et durant le transport. Les chevaux qui donnent des coups de pied doivent être signalés par un ruban rouge noué à la queue.

Conseil

Le trekking fournit au cheval d'endurance l'occasion d'affronter diverses situations. La technique de Tellington est excellente pour aider les chevaux nerveux à se détendre.

Tempérament

Alors qu'un cheval paisible peut faire suer son cavalier sur une course, un cheval excité non seulement gaspille son énergie, mais également peut avoir du mal à se détendre et à retrouver un rythme cardiaque normal. L'idéal est bien entendu le juste milieu : un cheval curieux, allant de l'avant, qui ne tire pas et de bonne composition, qui récupère vite et qui soit capable de manger et de boire où qu'il se trouve. Les chevaux qui ne mangent pas assez souvent rencontrent des problèmes digestifs. Ceux qui s'effarouchent mettent leur cavalier et eux-mêmes en danger, tout comme les autres concurrents. Un bon cheval d'endurance doit avoir assez confiance pour avancer naturellement mais doit toujours rester sous le contrôle de son cavalier.

Assurance

Le cheval ne doit faire aucune difficulté face aux passages ardus, dénivelés, machines agricoles, ruisseaux, ponts, tunnels ou à la circulation.

Facilité à être monté

Le cheval n'est pas censé exécuter de grandes figures mais un dressage basique est essentiel pour éviter toute complication dans le futur. L'entraînement au dressage développant l'équilibre et la coordination est indispensable au moment de l'augmentation de l'effort. Le but chez le cheval d'endurance est d'acquérir un bon équilibre avec une arrière-main active et une avant-main libre.

Dans les passages étroits, les cavaliers doivent se méfier des chevaux qui bottent.

Les obstacles naturels (ponts, gués…) ne doivent pas dérouter le cheval d'endurance. Photo : Eric Jones.

Notions de base

Bien se comporter à cheval

Les participants d'une course d'endurance prennent leur part de responsabilités, mais nombreux sont ceux qui oublient qu'ils ne sont pas les seuls exposés aux risques. Le comportement envers les piétons et les cyclistes laisse souvent à désirer. Les outrages à l'environnement doivent être évités et toute dégradation causée doit être signalée. Le Code de la route doit être respecté. Un cavalier fait partie du trafic routier et doit rester à droite de la route. Il lui est interdit de monter sur les trottoirs, les passages piétons et les pistes cyclables.

En compétition, un cavalier est considéré comme élément du trafic routier et doit respecter le Code de la route.

Il faut parfois de la patience avant de pouvoir doubler.

Si vous voulez doubler un autre cavalier, vous devez signaler votre présence, demander si vous pouvez doubler et attendre le bon moment du point de vue de la sécurité. Si un autre cavalier veut vous doubler, vous avez obligation de le laisser passer. Si vous gênez un autre cavalier ou omettez d'intervenir en cas d'urgence, vous avez de bonnes chances d'être disqualifié.

Savoir lire une carte

Bien que l'itinéraire soit balisé, ne vous y fiez pas trop, car le marquage peut être déplacé ou effacé par la pluie.

Si vous n'êtes pas certain du marquage de l'itinéraire, mieux vaut vous fier à la carte que les organisateurs de la compétition vous auront remise. De toute façon, apprendre à lire une carte et à se servir d'une boussole est recommandé.

Le matériel

Tout matériel utilisé en endurance est soumis à des tests sévères. Pour cette raison, il est conseillé d'en vérifier régulièrement l'absence de signe d'usure ou de dommage. N'étrennez pas un matériel neuf en course – le risque de frottement ou de blessures causées par la selle et la sangle est trop important. Essayez-le d'abord chez vous. Montez avec un harnachement bien « rodé » et assoupli, qui ne créera pas de complications durant la course.

Une selle d'endurance typique, avec éponge, couverture et sacoche à outils.

La selle

Il n'y a pas de matériel spécifique. Une bonne selle d'endurance doit pouvoir être ajustée et n'incommoder ni le cheval ni le cavalier.

Elle doit posséder les qualités suivantes :

- Son siège doit être relativement plat pour permettre au cavalier une grande liberté de mouvement.
- Les matériaux doivent être de grande qualité, assemblés avec soin et habileté pour résister à un usage intensif.
- Elle doit posséder une surface large et plate pour bien répartir le poids du cavalier.
- Un système de sanglage adaptable, qui puisse être monté avec la sangle du cheval.
- Le centre de gravité de la selle doit être bien placé afin que le cavalier ne se fatigue pas dans la position naturelle debout d'endurance.
- Les étriers doivent avoir un plancher large pour éviter les pincements de la plante des pieds.
- La selle ne doit pas être trop lourde.
- Elle doit présenter assez de fixations pour qu'on puisse y attacher une éponge, un cure-pieds et une chemise de pluie.

Le tapis de selle et la sangle

Tous les types de matériel présents sur le marché apparaissent sur les courses d'endurance. Un cavalier peut choisir du matériel sophistiqué dernier cri, et un autre, préférer des matériaux naturels.

Monter sans mors n'est pas anodin; consultez votre compagnie d'assurance.

L'important est que ce matériel soit absorbant (le cheval sue) et qu'il ne se froisse pas. Les tapis de selle doivent être coupés assez loin devant et autour de la selle, de façon à faire rembourrage et à absorber les chocs dus aux accessoires portés à l'arrière. La sangle doit être à la bonne taille et les boucles ne doivent pas être en contact direct avec la peau.

Le matériel supplémentaire

Une selle bien ajustée ne devrait pas nécessiter collier de chasse ni croupière, même sur terrains pentus. Cependant, si la selle glisse pour des raisons d'anatomie, il faut utiliser un collier de chasse bien ajusté. Bien que les bandages ne soient pas adaptés à la monte en extérieur, l'utilisation de guêtres et de protections est plus discutée. Si vous en utilisez, il est indispensable de les nettoyer à chaque arrêt et de vérifier qu'ils n'ont pas blessé les jambes du cheval.

Les filets

À la différence d'autres disciplines, presque tous les types de filets sont autorisés dans les courses d'endurance. Néanmoins, plus l'embouchure est douce, mieux c'est. Les mors avec de longues branches gênent souvent le cheval pour boire dans les seaux. Si un cheval est difficile en début de course, vous pouvez commencer avec un type de mors et changer plus tard, quand il est relaxé. L'avantage d'utiliser un harnachement sans mors ou un hackamore est que le cheval peut boire et manger plus facilement. Il va sans dire que le cavalier doit être capable de contrôler sa monture et ne pas être un danger pour le public et la circulation.

Il existe sur le marché un nombre considérable de filets dits d'endurance dont l'avantage est le mors amovible qui permet de les transformer en licol. Ils sont en Nylon ou en biothane et sont faciles d'entretien.

Pour les rênes, optez pour une matière robuste non glissante – des rênes en cuir mouillées peuvent virer au cauchemar.

Pratiques, les tenues légères, confortables et qui ne frottent pas.

Sont non autorisés tous types de rênes allemandes, d'attaches et de harnachement restrictif.

La tenue du cavalier

Les vêtements doivent être confortables. Les matières synthétiques légères ont pris le pas sur les fibres naturelles habituelles comme la laine ou le coton. De fait, elles sont plus légères, respirent, et sèchent vite. Si vous avez déjà parcouru 80 km dans des chaussettes en coton trempées et des dessous qui frottent, vous comprendrez l'importance du choix de la matière.

Il existe des culottes d'équitation conçues pour l'endurance, sans couture et rembourrées à hauteur des genoux, ce qui permet à ces derniers de bouger sans glisser. Si vous souffrez d'irritations, vous pouvez porter des collants en microfibre sous votre pantalon, de sorte que les deux matières frottent l'une contre l'autre et non contre votre peau.

Il est évident que les gilets munis de nombreuses poches sont extrêmement pratiques : non seulement vous pouvez y ranger des objets, mais ils permettent aussi de garder les reins au chaud. Un vêtement imperméable est essentiel, ainsi qu'une banane pour conserver les fiches de suivi vétérinaire et autres objets importants. Les bottines avec talon empêchent les pieds de glisser dans les étriers et conviennent à la marche. Les bottines légères en Gore-Tex ont prouvé leur commodité.

Conseil

Si aucune des matières disponibles dans le commerce ne soulage vos irritations, demandez à votre pharmacien des pansements qui protégeront votre peau.

En endurance, il n'y a pas de temps impropre – juste des vêtements inadéquats.

Il faut toujours porter un casque en bon état, adapté et conforme aux normes de sécurité. Il est recommandé de porter des gants, particulièrement lors de la fièvre de la première course : monter avec des ampoules aux doigts n'est pas drôle !

L'entraînement

Quand un cheval est-il prêt pour une course de 40 km ? Posez cette question à dix cavaliers et vous obtiendrez dix réponses différentes. Un cheval est un individu à part entière et un programme d'entraînement généralisé n'est pas la solution. N'importe quel cheval en forme, monté une à deux heures par jour, pourra concourir sur 40 km.

Que signifient respirations aérobie et anaérobie ?

L'énergie peut provenir de deux sources. Pour les sports d'endurance, celle du métabolisme aérobie est la plus efficace. Le seuil aérobie/anaérobie chez le cheval se situe quand le pouls est d'environ 140, mais il peut être aussi précisément déterminé grâce au taux de lactate dans le sang. En compétition, on essaie de repousser la limite par un entraînement spécifique.

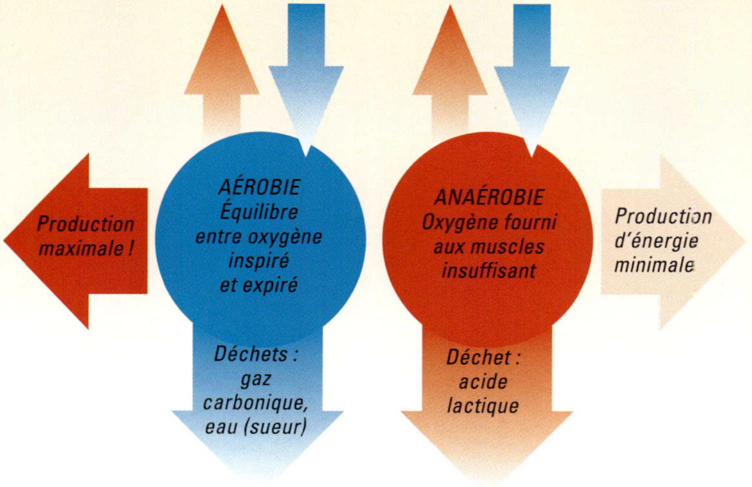

La plupart des gens travaillent en semaine, ce qui signifie que leur temps de monte est limité et qu'ils ne font de longues promenades que les week-ends. Tâchez de planifier un itinéraire de 20-30 km en utilisant une carte afin d'acquérir la notion des distances.

Essayez de répondre objectivement à ces questions avant de débuter l'entraînement :

1. Combien de fois par semaine montez-vous ?
2. Combien de temps chaque fois ?
3. Quelle distance moyenne parcourez-vous ?
4. Quelle variété mettez-vous dans ces séances ?
5. Quelle distance aimeriez-vous parcourir ?

Vous pouvez alors définir vos objectifs :

À court terme : Quelle endurance aura acquise mon cheval à telle date ?

À long terme : Quelles distances aimerais-je parcourir dans le futur ?

Une fois vos objectifs définis, vous pouvez débuter le travail en vous appuyant sur les principes suivants : le plus important est l'entraînement à l'endurance, au cours duquel on augmente peu à peu la distance à couvrir. L'entraînement à intervalles concerne les chevaux déjà performants et doit être soigneusement contrôlé.

On sent mieux le pouls quand l'antérieur gauche est légèrement en avant.

Exemples de fréquence cardiaque

Les fréquences cardiaques varient énormément. Les chiffres ci-dessous sont donnés à titre indicatif.

Repos	30-50	Trot rapide	100-160
Pas	50-90	Galop	120-170
Trot	80-125	Galop de course	160-200

La fréquence cardiaque

Beaucoup de débutants croient que la fréquence cardiaque du cheval permet de juger de sa condition physique, mais ce n'est pas tout à fait exact. Elle est une simple indication, rien de plus. On distingue la fréquence cardiaque au repos et celle au travail, qui dépend du dénivelé et de l'allure.

La condition physique du cheval est déterminée par sa rapidité à retrouver une fréquence cardiaque normale (temps de récupération). Un

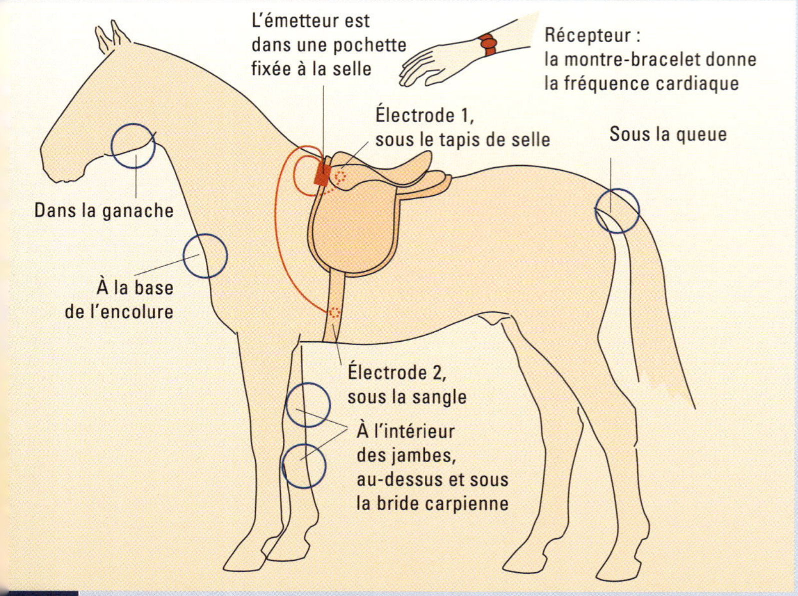

Vous pouvez prendre le pouls avec le pouce et le majeur sur les zones bleues. Le moniteur cardiaque s'attache à la selle, les électrodes sous le tapis de selle et la sangle. La fréquence cardiaque se lit sur la montre-bracelet.

cheval qui arrive avec une fréquence de 100 et qui retombe en cinq minutes à 64 est en meilleure condition qu'un cheval qui rentre avec une fréquence de 74 mais qui met vingt minutes à retomber à 64.

La fréquence cardiaque au travail ne dépend pas seulement de l'effort fourni mais également du temps, de la race du cheval, de la saison, du niveau d'entraînement du cheval et de sa personnalité.

Prendre le pouls

Il existe trois façons de mesurer le pouls : avec la main, au stéthoscope ou avec un moniteur cardiaque. Les deux premiers exigent que vous stoppiez et descendiez de cheval, alors que le dernier peut être utilisé tout en continuant de monter. C'est le meilleur moyen de savoir quelle est la fréquence cardiaque normale de votre cheval.

Contrôle de l'entraînement

Observez bien votre cheval à l'entraînement : tant qu'il est jovial, motivé, alerte et donne l'impression d'être en forme, vous êtes sur la bonne voie. Vérifiez sa fréquence cardiaque au travail et au repos : le signe d'un bon entraînement est que l'augmentation des valeurs est plus lente. Pour une même charge de travail, la fréquence au repos reste plus basse et le temps de récupération est plus rapide.

Les signes de surmenage sont la raideur des muscles (formation d'acide lactique), une forte perte de poids, des problèmes aux jambes et une apathie. Si la fréquence cardiaque met du temps à se régulariser ou si elle est irrégulière, l'entraînement doit être allégé.

Essayez de prendre le pouls dans le calme. L'excitation augmente la fréquence cardiaque.

Échauffer et calmer

Tout exercice devrait commencer par un échauffement d'au moins 20 minutes afin d'amener le corps à la « température de travail ». Cela permet de faire monter la pression artérielle, d'accélérer la distribution des nutriments et d'évacuer les déchets. Les étirements, les exercices de gymnastique et un trot léger préparent le cheval aux exigences du cavalier. Après la course, laissez-lui assez de temps pour qu'il décompresse ; cela aide l'acide lactique à se dissiper, évite les problèmes musculaires, et permet de commencer à récupérer.

Durant la morte-saison, laissez votre cheval récupérer en lui proposant un travail léger et intéressant.

Augmenter la demande

L'entraînement implique l'adaptation du corps à des demandes plus fortes. Cela ne se fait pas du jour au lendemain, c'est pourquoi vous ne devez pas en demander plus chaque jour mais seulement une fois que le cheval exécute aisément ce que vous attendez de lui. Le temps nécessaire dépend du système de chacun. Un cheval acquiert une bonne condition physique en quatre à six semaines, il faut des mois aux muscles pour s'adapter et jusqu'à trois ans pour les tendons, ligaments et os. Ces considérations physiologiques sont importantes pour quiconque désire couvrir de longues distances. Après tout, le but est de réussir avec un cheval en bonne santé.

De la régularité avant tout

Il est plus efficace de monter régulièrement votre cheval que de faire une seule longue séance par semaine. Vous pouvez ensuite allonger la distance et le temps de monte. La dernière étape est l'augmentation de l'intensité (degré de difficulté). Une bonne approche est de ralentir sur les longues distances, et de faire court si la séance est intense. Abordez toujours doucement les itinéraires longs.

L'apprentissage du dressage améliore la coordination et la flexibilité. Le cheval d'endurance Partout est remarquable dans les deux disciplines.

Allure et assiette

L'allure

Le trot est sans doute l'allure la plus importante, car à la différence du galop, il ne force pas trop sur la circulation ou les jambes. Cela ne veut pas dire qu'il ne faut pas galoper, il y a des chevaux qui préfèrent le galop et qui ont une fréquence cardiaque plus lente à cette allure. Le pas est essentiellement utilisé pour les terrains en pente ou pour la récupération, quand vous avez l'impression que votre cheval a besoin d'une pause.

La position naturelle debout

L'objectif du cavalier doit être de faciliter le plus possible le travail du cheval. De nombreux cavaliers d'endurance optent pour la position naturelle debout et oscillent au-dessus du cheval. Pour cela, les étriers doivent être réglés de sorte que les articulations du cavalier soient correctement fléchies pour amortir le mouvement par les chevilles et les hanches.

Le carnet d'entraînement

Vous pouvez tenir un carnet d'entraînement pour juger de vos progrès. Notez-y les temps, les distances et les fréquences cardiaques.

La variété

La variété est essentielle pour entretenir la curiosité du cheval. Faites l'effort de lui proposer de nouveaux itinéraires, variez la vitesse, montez avec des amis et dans des endroits différents, et faites de l'obstacle et du dressage. Longez votre cheval, ou menez-le simplement se promener en main.

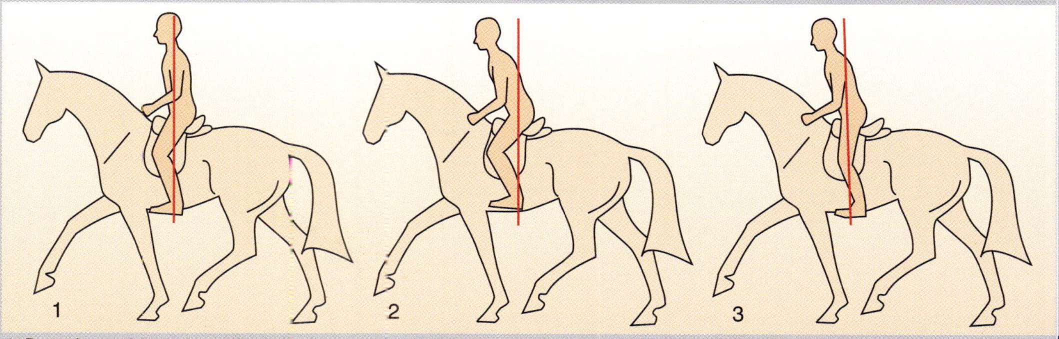

1. Dans la position naturelle debout correcte, les étriers sont chaussés long, les fesses sont toujours en contact avec la selle et le corps est légèrement en avant. 2. Quand les étriers sont chaussés trop court, le corps est trop penché en avant. 3. Avec des jambes trop en arrière, le corps se déplace trop en avant…

Le buste est légèrement incliné en avant, le fessier touche à peine la selle et le poids du corps est réparti à la fois sur les étriers, les pieds et les cuisses.

De nombreux cavaliers ont du mal au début, c'est pourquoi vous pouvez alterner avec le trot enlevé jusqu'à ce que vous trouviez votre équilibre. Si vous préférez ne faire que du trot enlevé, veillez à changer de diagonale de temps en temps.

Conseils de maréchalerie

Le ferrage est en général recommandé pour se déplacer sur les terrains variés. Cependant, si vous préférez ne pas utiliser de fers, vous devez demander l'autorisation aux organisateurs ainsi que des informations sur le type de terrain.

Une ferrure très récente ou assez ancienne peut s'arracher facilement sur terrain profond et entraîner ainsi toute sorte de problèmes. L'idéal est de changer les fers environ une semaine avant la course afin qu'ils soient juste usagés le jour J. La visite régulière du maréchal-ferrant toutes les six, huit semaines est d'une importance capitale.

Alors que les coussinets de protection sont courants sur les courses d'endurance, l'usage de crampons n'est pas recommandé car ils modifient la façon de poser le pied sur les terrains durs.

Peu importe que vous utilisiez des fers en acier traditionnels ou des fers modernes en d'autres matériaux ; l'important est que votre temps entre les courses soit correct.

Il y a d'ordinaire des maréchaux-ferrants sur la plupart des compétitions, mais apporter des fers de rechange adaptés aux pieds de son cheval est un gain de temps. Même des fers déjà utilisés conviennent, s'ils ne sont pas trop usés.

Nourrir et abreuver

Le sujet pourrait remplir tout un ouvrage ; seuls quelques points importants pourront être abordés ici. Profitez d'Internet ou de conférences sur l'alimentation pour identifier l'alimentation appropriée à votre cheval.

Le système digestif du cheval est très complexe. Quand il a mangé, l'estomac et les intestins sont bien irrigués en sang ; le faire s'activer à ce moment détourne le sang de cette zone

L'herbe contient de l'eau, des électrolytes et des fibres, ce qui en fait un aliment excellent pour la route.

À défaut d'herbe, donnez du foin au cheval.

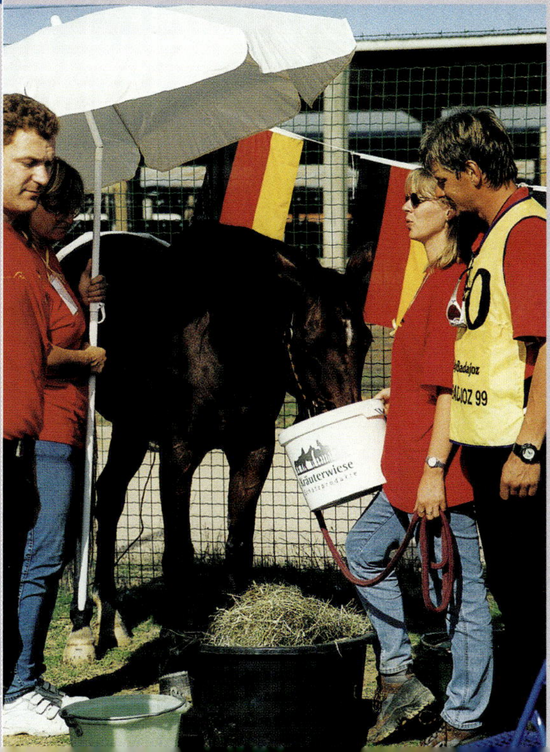

pour l'envoyer ailleurs – le résultat est une colique.

Il est clair que le cheval doit être nourri deux à trois heures au moins avant la course. Le foin et l'herbe peuvent encore être mangés juste avant le départ. Une fois la ligne d'arrivée passée, c'est l'inverse : de l'eau et du foin ou de l'herbe, puis plus tard l'aliment, et enfin et seulement à ce moment le repas que le cheval a l'habitude d'avoir chez lui !

Un cheval n'a pas forcément besoin de s'alimenter sur une course de 30 km, mais cela est essentiel sur des courses plus longues. L'herbe contient de l'eau, des fibres et des électrolytes et peut être consommée à chaque arrêt, avec du foin humidifié.

Les aliments concentrés doivent être donnés en petites quantités de façon à être bien digérés. Les fruits comme les pommes, les bananes, et les carottes sont gorgés d'eau et ouvrent l'appétit.

L'eau est plus importante que la nourriture sur une course. Le cheval peut perdre jusqu'à 30 litres d'eau sur des petites distances et la situation peut devenir difficile s'il n'en reçoit pas autant.

Proposez de l'eau à votre cheval chaque fois que l'occasion se présente sur la course. La légende qui prétend que l'eau froide est mortelle pour un cheval chaud est juste... une légende ! Si cela était vrai, beaucoup de chevaux d'endurance seraient morts ! Cependant, vous devez garder votre cheval en mouvement de façon qu'une température ambiante s'installe. Laissez-le boire autant et aussi souvent qu'il le désire, et humidifiez toute sa nourriture.

Les chevaux d'endurance ne ratent aucune occasion de boire.

Que se passe-t-il s'il refuse de boire ? Un grand nombre de chevaux boiront après avoir mangé quelque chose, n'hésitez donc pas à lui offrir un en-cas à la première occasion. Rendre l'eau plus savoureuse en y ajoutant des quartiers de pomme aide en général.

Le seau doit être assez large pour que le cheval ne soit pas gêné par son mors.

Sur des distances plus courtes, il n'est pas nécessaire de donner des électrolytes. Veillez plutôt à ce que votre cheval en prenne assez avant la course. Si vous voulez en donner pendant la course, veillez à ce que le cheval puisse boire à son gré ou l'effet des électrolytes sera inverse.

Le contrôle vétérinaire

En endurance, le vétérinaire est juge. Sa parole a force de loi, protester est inutile ! Présentez donc votre cheval à son avantage : pansé, sans un brin de paille dans la queue et les pieds curés.

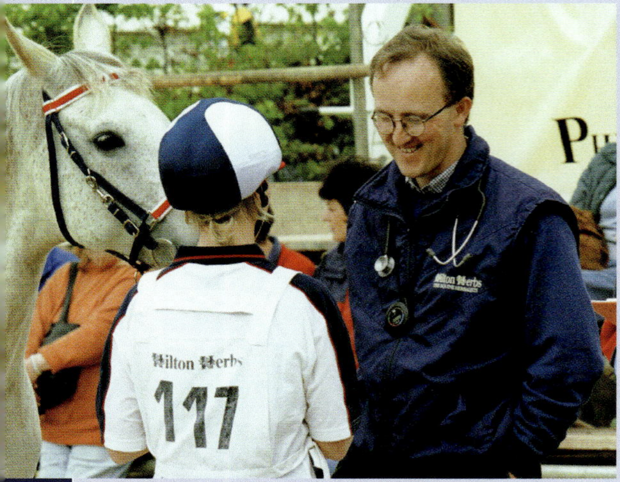

Les cavaliers expérimentés voient le vétérinaire comme un conseiller et non juste un juge. Photo : Eric Jones

Le flux sanguin se vérifie par le remplissage des capillaires.

Le cheval doit être présenté sans ses couverture, selle et guêtres aux contrôles précédant et suivant la course. Avant tout, le vétérinaire examine le cheval à l'arrêt.

Les muqueuses. En temps normal, elles sont roses; rouges après un gros effort. Une pâleur peut révéler des problèmes circulatoires.

Les capillaires des gencives. Si quand on appuie dessus ils ne se remplissent pas dans les secondes qui suivent, le flux sanguin est insuffisant.

Test du pincement. On pince la peau de l'encolure ou de l'épaule; si elle ne reprend pas sa position initiale dans les deux secondes, il y a peut-être déshydratation.

Les bruits digestifs. Des intestins silencieux peuvent indiquer une colique.

Passage de sangle et zone de la selle. Y a-t-il des points de pression? Le cheval est-il sensible dans ces zones?

Les jambes et les pieds. Y a-t-il de la chaleur ou des gonflements? une irritation, des éclisses,

Faites correctement trotter le cheval pour que le vétérinaire puisse juger son allure.

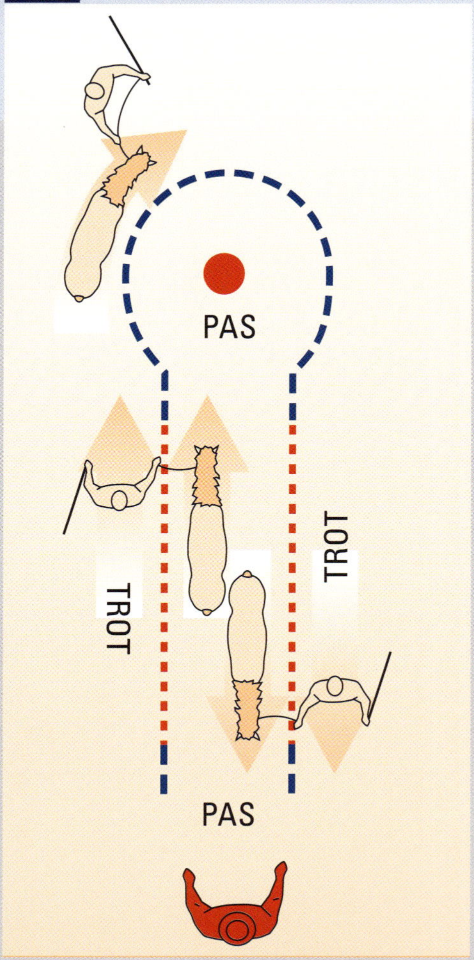

des plaies ou des marques ? Les fers paraissent-ils en bon état ?

Aspect général. Le cheval paraît-il fatigué ou intéressé ? Quelle impression générale donne-t-il ?

Puis le cheval doit passer au trot. Marchez quelques pas puis faites trotter le cheval jusqu'au repère, faites un grand virage à droite, marchez un peu pour remettre le cheval droit et retrottez vers le vétérinaire. Cela semble très facile, mais dans la pratique ce n'est pas aussi simple.

Le cheval doit trotter avec des rênes lâches à côté du cavalier pour que le vétérinaire puisse juger la locomotion. Si le cavalier court devant le cheval, ou dirige le cheval avec des rênes courtes, le jugement est impossible. Idéalement, le cavalier doit se tenir à peu près à hauteur de l'épaule du cheval durant le trot. Si le cheval double le cavalier il n'ira pas droit, ce qui rend un bon jugement difficile. Le cheval pourra être encouragé avec une cravache seulement à la demande du vétérinaire. Entraînez votre cheval chez vous pour vous faciliter l'exercice lors de la prochaine course.

Les points de pression au niveau de la selle ou du passage de sangle peuvent signifier la fin de l'aventure.

Trot correct avec des rênes lâches.

Incorrect : Le cheval court devant et ne peut pas se déplacer droit.

Test de Ridgeway

On mesure la fréquence cardiaque du cheval, il trotte 30 mètres et une minute précise plus tard on prend une seconde mesure. Si le cheval va bien, un écart de quatre battements par minute est possible. S'il atteint ou dépasse huit battements par minute, cela indique une souffrance et le vétérinaire vous conseillera d'arrêter la course.

Vitesse et arrêts sur une course

La vitesse

Votre vitesse en course dépend certes de la condition du cheval, mais aussi de l'appellation de l'épreuve. Certaines courses peuvent être gagnées à la vitesse 5 tandis que d'autres requièrent la vitesse 3. En général les courses plus courtes se courent à un train plus vif.

L'arrêt

Il existe plusieurs types d'arrêts sur une course. Le cavalier est maître de son temps et doit garder un œil sur le chronomètre. En France, les intervalles entre les arrêts et la durée de chaque arrêt sont réglementés, tout comme les fréquences cardiaques admissibles. Pour les vitesses imposées ou courses par classement aux points, la durée d'un arrêt dépend de la distance totale. Les courses de plus de 60 km comportent un arrêt de 20-40 minutes après 40 km au plus, durant lequel la fréquence cardiaque du cheval doit redescendre à 64 bpm dans le temps alloué. Lors de la dernière auscultation, 30 minutes après l'arrivée, le cœur ne doit pas dépasser 64 bpm, et ce afin de finaliser la course.

Arrêt. La fréquence cardiaque est relevée à l'entrée puis 30 minutes après l'entrée.

Contrôle vétérinaire. Pour les courses de distances courtes (20-89 km), les pulsations doivent redescendre à 60 bpm dans les 30 minutes. Pour les distances moyennes (90-139 km), à 56 bpm dans les 30 minutes, et pour les longues distances (100 km et plus en un jour, ou 160 et plus sur deux jours), à 64 bpm en 20 minutes.

« Contrôle volant ». Comme le contrôle vétérinaire mais sans pause.

Contrôle des allures. Le vétérinaire observe seulement le cheval au trot.

La fréquence cardiaque maximale d'un cheval peut varier d'une course à l'autre mais quand elle est toujours trop haute après le temps alloué, cela peut signifier la fin de l'aventure.

Qu'est-ce que la vitesse?

On mesure rarement la vitesse d'une course en kilomètres par heure mais plutôt en mètres par minute. La vitesse 5 par exemple signifie que vous devez parcourir 1 km en 5 minutes.

Vitesse 3	333 m/minute	20 km/h
Vitesse 4	250 m/minute	15 km/h
Vitesse 5	200 m/minute	12 km/h
Vitesse 6	167 m/minute	10 km/h
Vitesse 7	145 m/minute	8,6 km/h

Le cheval comme le cavalier doivent profiter des arrêts pour se relaxer. Photo : Eric Jones

Les contrôles de vitesse sont employés sur les courses courtes pour ralentir le tempo.

Impact sur la santé

Toute performance sportive peut être dangereuse, c'est pourquoi il est important que le cavalier repère toute anomalie chez son cheval. La plupart des complications se voient à une boiterie – d'une simple coupure jusqu'à la foulure et aux problèmes musculaires.

Bien plus graves sont les affections métaboliques qui requièrent l'intervention du vétérinaire. Les coliques sont souvent dues à une déshydratation ou un stress ou même du surmenage et une mauvaise nourriture donnée au mauvais moment. Elles n'apparaissent en général qu'à la fin d'une course, il est donc primordial d'observer votre cheval pendant et après la course.

La déshydratation en soi peut entraîner nombre de complications (coup de chaleur...), aussi veillez à ce que votre cheval s'abreuve.

Il existe plusieurs signes annonciateurs de problèmes : trébuchements (perte de coordination), apathie, perte d'appétit, diarrhée, réticence à avancer, récupération lente, pouls élevé et changement dans l'allure. Dès que vous vous êtes aperçu d'un comportement inhabituel, le mieux est de contacter le vétérinaire. Un traitement peut signifier la fin de la compétition mais peut aussi sauver la vie du cheval.

Plus il fait chaud, plus le cheval doit boire souvent pour compenser la sudation.

La commission vétérinaire a le contrôle total en matière de santé et de bien-être du cheval. Si elle garantit le bon déroulement des épreuves sur le plan santé animale, elle intervient aussi dans le classement des épreuves qualificatives et régionales. Elle joue également le rôle de conseiller auprès du Président de jury ou encore auprès des cavaliers pour diminuer les risques d'accidents ou pour optimiser les performances.

Les décisions des vétérinaires influant sur le classement, les examens doivent être pratiqués avec la plus grande neutralité et la meilleure régularité possible : précision, sérénité, équité.

Le vétérinaire peut se trouver à tout moment devant une véritable urgence. Dans les conditions de course, il ne disposera pas de moyens techniques de diagnostic sophistiqués. C'est sur son expérience et ses connaissances cliniques qu'il devra se baser pour mener à bien un diagnostic et prolonger sa démarche par un éventuel traitement d'urgence approprié. Le vétérinaire a également un rôle moral car laisser courir un cheval douteux, c'est dévaloriser la course d'un autre cavalier qui va moins vite et préserve son cheval.

Enfin, il peut aussi apporter des conseils techniques et des recommandations à l'occasion d'une épreuve, lors de réunion d'un C.E.E.R. ou d'une commission endurance d'un C.R.E., en particulier à des cavaliers abordant depuis peu cette discipline.

Extrait du *Manuel de vétérinaire*, Association Française des Vétérinaires d'Endurance Équestre

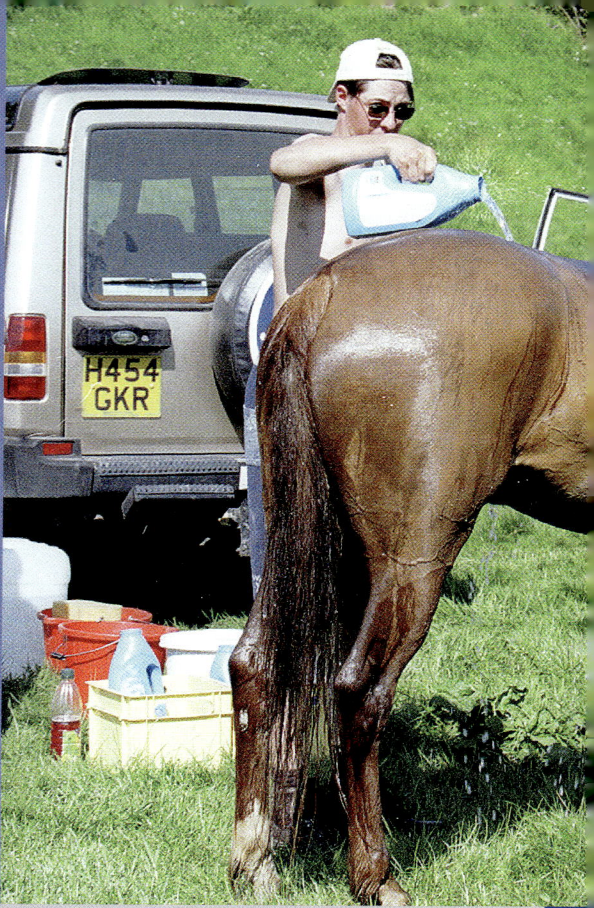

La voiture d'assistance : pas indispensable mais bien pratique. Photo : Eric Jones

La course de A à Z

Le moment est arrivé, vous êtes à pied sur votre première course, avez lu attentivement les règles, votre cheval et vous-même êtes en bonne condition physique et prêts au départ. Et maintenant ?

Le calendrier des courses peut être obtenu auprès de la FFE. Pour votre premier essai, évitez une course difficile en montagne et allez au besoin plus loin, vers une course plus facile. Demandez tous les renseignements nécessaires auprès des organisateurs.

Les informations importantes à connaître sont, par exemple, le nombre d'arrêts sur la course, la vitesse et le temps le plus rapide. Le classement dans les épreuves de haut niveau est établi à partir d'un système de points en fonction du temps et des fréquences cardiaques. Les courses courtes à vitesse imposée sont évaluées seulement sur le temps, et bien que le cavalier le plus rapide sera le vainqueur sur ce type de course, cela n'a aucun sens d'aller plus vite que le temps alloué.

Envoyez votre engagement tôt : leur nombre est parfois limité. Montez légèrement votre cheval les quelques jours précédant la course. Il doit stocker de l'énergie ; il est trop tard pour le mettre en condition. Inspectez-le une dernière fois avant de prendre la route. Organisez votre voyage et donnez-vous le temps nécessaire pour éviter du stress à l'arrivée. Emballez votre matériel la veille (voir la liste p. 30).

Une fois arrivé sur le site, vous devez trouver le secrétariat et retirer votre dossard, une carte de la course et toutes les autres informations disponibles. Veillez à présenter votre cheval pansé et au moment voulu au contrôle vétérinaire d'avant l'épreuve.

Lors du premier contrôle, votre cheval doit être dessellé et ne pas porter de protections. Essayez

L'assistance doit être capable de lire une carte afin de trouver le point d'assistance alloué.

toujours d'être assez en avance pour donner à votre cheval un peu de temps pour se remettre de ce long voyage. Les chevaux qui s'énervent beaucoup lors des transports devraient dans l'idéal arriver sur le site la veille de manière à calmer leur nervosité.

Il est plus sensé de monter seul et à votre rythme que laisser les autres entraîner votre cheval et le fatiguer.

Une fois l'accord du vétérinaire obtenu, vous êtes prêt à partir. Sellez votre cheval au bon moment et échauffez-le avant le départ. Essayez d'arriver en avance au départ plutôt qu'en retard, car ce retard comptera comme temps de monte.

Si une personne peut vous prêter assistance, il est judicieux que vous chargiez la voiture ensemble : ainsi vous saurez aussi où tout est rangé. L'assistance doit noter les points d'assistance sur sa carte et comparer cette dernière avec une carte d'état-major. Les voitures d'assistance sont autorisées à rouler seulement sur la voie publique et ne doivent pas gêner les autres chevaux. Sortir du véhicule pour encourager le cheval est interdit.

L'idéal est de trouver un arrêt avec un peu d'herbe.

Briefing. Le cavalier et l'assistance écouteront les informations importantes concernant l'itinéraire et son balisage. Prenez votre carte et notez-y les points signalés. Souvenez-vous de noter les numéros d'urgence.

Attendez-vous à ce que votre cheval soit excité au départ et qu'il veuille démarrer bien plus vite qu'il ne devrait : il ne sait pas ce qui l'attend. Essayez simplement de monter dès le départ à la vitesse à laquelle vous vous entraînez. L'énergie gaspillée sera nécessaire à l'approche de l'arrivée. Pensez à proposer de l'eau à votre cheval le plus souvent possible. Si vous êtes perdu, vous devez retourner au point où vous avez quitté l'itinéraire et reprendre à partir de ce point.

Profitez de ce que vous refroidissez les jambes pour vérifier l'absence de blessure.

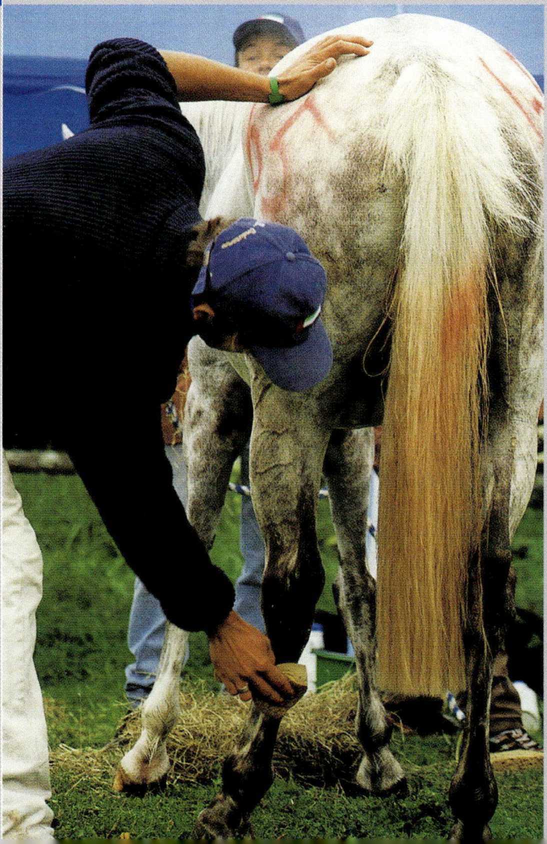

Conseil

Ne laissez pas votre cheval manger avant qu'on ait mesuré sa fréquence cardiaque, car cela la fait normalement monter. Une vessie pleine peut aussi s'avérer gênante.

Soins durant l'arrêt. Un ou deux kilomètres avant l'arrêt, essayez d'aller à une allure plus facile : votre cheval s'approchera ainsi plus facilement de la fréquence cardiaque requise. Ne le laissez pas manger avant qu'elle soit mesurée.

Maintenez au moins l'arrière-main du cheval au chaud sous une couverture. Il ne doit pas

Vous êtes responsable de votre propre temps sur une course équestre ; personne ne vous appellera pour le départ.

avoir froid mais ne doit pas non plus transpirer sous la couverture. Proposez-lui de l'eau et du foin. Mouillez-lui les jambes ; s'il fait chaud vous pouvez aussi lui mouiller l'encolure et les épaules. Ne le refroidissez pas trop ; la peau ne doit pas être froide. Mouiller les muscles imposants de l'arrière-main et les reins est strictement interdit. Vérifiez qu'il n'y a pas de pierres dans les sabots avant de le faire trotter. Le principe d'un arrêt pour le cheval est de se relaxer et de se ressourcer, c'est pourquoi chaque mouvement doit être exécuté dans le calme. Les protections doivent être retirées et nettoyées. Donnez à votre cheval l'occasion d'uriner, et observez la couleur ; si elle est foncée, consultez le vétérinaire. Une fois le contrôle passé, préparez votre cheval dans les temps et soyez prêt quand vient votre heure de départ.

Finir main dans la main signifie que les cavaliers désirent être classés ex-aequo.

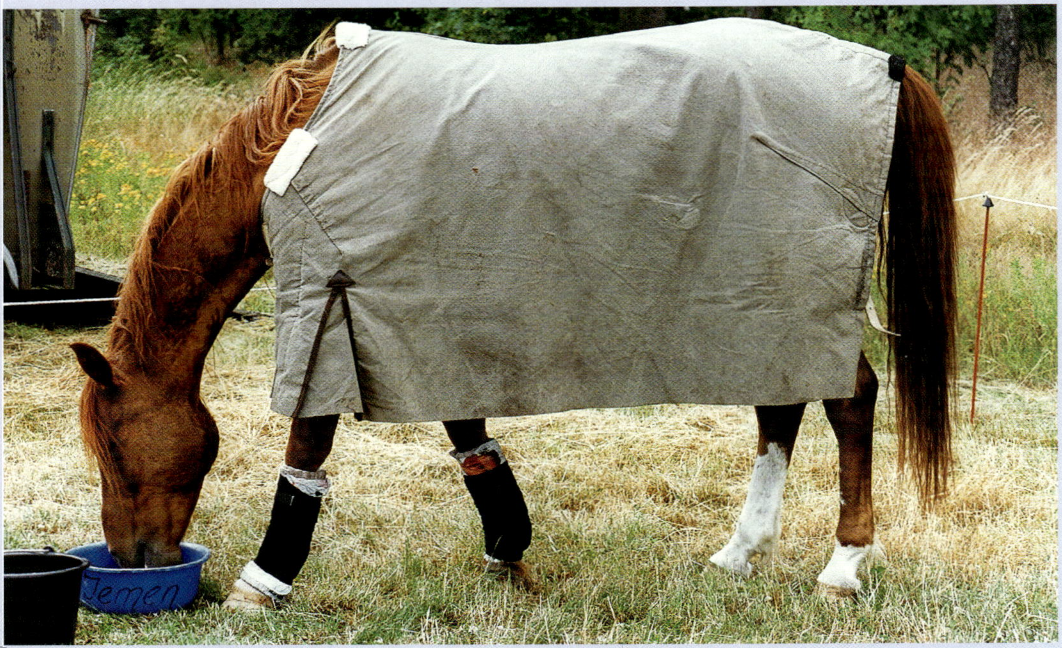

Après la course, le cheval a besoin d'attention.

Trente minutes après l'arrivée, on reprend la fréquence cardiaque de votre cheval, laquelle ne devra pas dépasser 64 bpm. Ces 30 minutes doivent être employées à refroidir le cheval, mais laissez-lui une couverture sur le dos.

Passez ce temps à laver, inspecter, nourrir et abreuver votre cheval. Couvrez-le et posez des bandages sur les jambes, puis laissez-le manger tranquillement avant de préparer le voyage de retour.

Auparavant, le vétérinaire doit déclarer, après une ultime inspection, que le cheval est prêt à rentrer à la maison. À présent votre cheval a mérité un peu de tranquillité et de calme; mettez-lui sa couverture, posez-lui des bandages chauds et laissez-le se reposer.

C'est seulement après le contrôle final que vous saurez si vous avez réussi votre course.

Les heureux vainqueurs.
Photo : Eric Jones

Si votre cheval échoue à ce dernier contrôle, il doit être représenté ultérieurement au vétérinaire pour être déclaré apte au transport. C'est seulement si le vétérinaire est certain qu'il n'y a aucun souci métabolique que votre cheval sera autorisé à rentrer chez lui.

Dans de nombreuses compétitions, les chevaux, brillants comme des sous neufs, accompagnent leur cavalier à la cérémonie de remise des prix.

Si votre trajet de retour est assez long, partir le lendemain de la course, en donnant au cheval assez de temps pour récupérer, peut être une bonne idée. Une fois rentré, gardez un œil sur votre cheval pour vous assurer que tout est en ordre. Donnez-lui deux jours pour retrouver sa force. Le jour suivant la course, vous pouvez l'emmener pour une brève promenade pour éviter que ses muscles ne se raidissent.

Conseils

Même après la remise des prix, le cheval a besoin de soins. La fatigue le rend plus sensible au froid, il faut donc le garder au chaud. La pose de bandages sur les jambes jusqu'au lendemain est aussi recommandée, elle évite des maux comme la formation de molettes.

Liste du matériel

Pour le cheval et le cavalier

- Bombe
- Collier de chasse ou croupière
- Couteau suisse
- Couverture
- Cure-pieds
- Éponge
- Filet
- Gants
- Ficelles/lanières de cuir pour attacher des ustensiles.
- Licol
- Moniteur de fréquence cardiaque
- Montre
- Nourriture
- Porte-carte
- Selle, tapis et sangle
- Vêtements imperméables
- Téléphone portable (et numéros d'urgence)

Voiture d'assistance

- Aliments et foin
- Bandages
- Bidons d'eau
- En-cas pour le cavalier : bananes, fruits à coque, fruits secs
- Boisson pour le cavalier
- Clous de maréchalerie
- Couvertures de rechange
- Crème solaire
- Licol et longe
- Mallette de pansage
- Harnachement de rechange : sangle, tapis, étriers et étrivières
- Répulsif à insectes
- Seaux pour laver avec éponge et couteau de chaleur
- Chemise de pluie
- Fers de rechange et outils
- Seaux pour nourrir le cheval
- Serviettes
- Surfaix
- Trousse de secours pour le cheval et le cavalier
- Vêtements et chaussures de rechange pour le cavalier

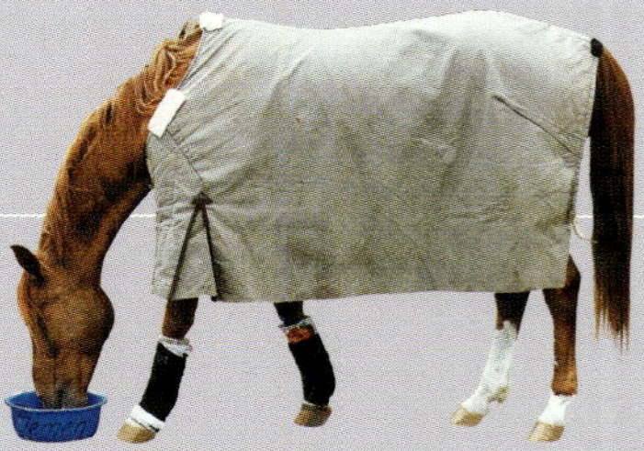

Conclusion

Vous attendez de votre cheval des performances mêmes sur des distances courtes. Cela se prépare avec soin, car un cheval ne continue à progresser que si on lui consacre l'attention voulue (soins, entraînement, alimentation et gestion quotidienne). Ainsi le cheval ne devient pas une machine mais demeure ce qu'il a toujours été : notre ami.

Pour plus d'informations :

Fédération française d'équitation
81, avenue Édouard-Vaillant
92517 Boulogne Cedex
Tél. : 01 58 17 58 17
Fax : 01 58 17 58 00

Glossaire

Âge minimum : âge requis par le règlement pour qu'un cheval soit autorisé à concourir.

Aptitude à voyager : condition établie par le vétérinaire autorisant le cavalier à transporter son cheval loin du site.

Assistance : aide qui rencontre le cavalier sur une course en voiture d'assistance.

Briefing avant l'épreuve : rendez-vous avant le départ de la course donnant les informations essentielles.

Carte de parcours : carte locale indiquant le parcours de la course, distribuée par les organisateurs.

Carte de suivi vétérinaire : document où sont portées les appréciations sur votre cheval. C'est en général le vétérinaire qui la conserve.

Contrôle avant l'épreuve : première inspection du cheval avant le départ.

Contrôle final : le dernier contrôle vétérinaire détermine si la course a été accomplie avec succès.

Départ à la volée : les cavaliers partent seuls ou en groupe à quelques minutes d'intervalle.

Départ échelonné : le cavalier part seul ou en groupe à quelques minutes d'intervalle.

Départ en groupe : les cavaliers partent en groupes constitués par les organisateurs.

Départ en masse : tous les cavaliers prennent ensemble le départ, surtout sur les distances longues.

Départ individuel : chaque cavalier part seul.

Épreuves par classement aux points : classement en fonction des paramètres temps de monte et fréquence cardiaque.

Livret d'identification : document qui vous est remis à l'achat du cheval, indiquant les vaccins subis. On y porte aussi les appréciations reçues lors des courses.

Prix de la meilleure condition : attribué par le vétérinaire au cheval qui a fini la course dans la meilleure condition.

Temps : le temps écoulé pour accomplir la course.

Temps maximum : temps alloué pour accomplir la course.

Vitesse : vitesse de la course, voir p. 22.

Vitesse imposée : vitesse établie, utilisée dans les épreuves par classement aux points.

Vitesse libre : placement en fonction de la vitesse à laquelle on monte.

Conception et mise en pages : Ravenstein Brain Pool
Photographies de couverture et de l'intérieur :
© C. Koller, Eric Jones ; © Microzoa/Getty Images.

Éditions De Vecchi S.A.
52, rue Montmartre
75002 Paris

Traduit (anglais) : Sylvie Martel
Coordination éditoriale : Mathilde Orhan
PAO : Belle Page, Boulogne

Achevé d'imprimer en janvier 2008 à Luçon, France
sur les presses de Pollina - n° L45761B
Dépôt légal : févier 2008
N° d'éditeur : 10061